Christian Castro Silva

El Poemario Agridulce II

Christian Castro Silva

El Poemario Agridulce II

Más dulce, más enamorado, más inspirado pero lleno de incertidumbres...

JustFiction Edition

Cover image: www.ingimage.com

Publisher:
JustFiction! Edition
is a trademark of
International Book Market Service Ltd., member of OmniScriptum Publishing Group
17 Meldrum Street, Beau Bassin 71504, Mauritius
Printed at: see last page
ISBN: 978-620-0-49180-0

Christian Castro Silva

El Poemario Agridulce II

Más dulce, más enamorado, más inspirado
pero lleno de incertidumbres...

Por: Christian Castro Silva

Dedicatoria

A mi hijo Sergio Sebastian, gracias por decirme que me amas cada mañana. Tu voz graciosa y tus sueños me mantienen con los pies sobre la tierra y por hoy vivo para ti.

Agradecimiento

Gracias por estar allí, en cada momento de dolor, por preguntar ¿estás bien? o ¿ya estás mejor?; fuiste, eres y serás una gran camarada...estimada amiga Rosmery Tapara.

Presentación

Un ser humano no es nada sin emociones, de donde vengan, sean malas o sean buenas te ayudan a crecer como individuo. Ser o no ser, sentir o no sentir, sufrir o no sufrir, esa es la razón de estar vivo.

Si sufres, si duele, si amas y luego pierdes, si eres feliz y lloras por la noche, ya sea de alegría o de felicidad, muestra que eres un perfecto ser humano. Completo con sus sentimientos afinados, con sus emociones listas para recepcionar lo que venga y superar o hundirse cual Titanic, en lo peor de la depresión. Somos seres maravillosos, que sienten y más asombroso es si todo lo que sientes, lo puedes transmitir, o escribir, porque sólo así quien te lea, tendrá un ejemplo de lo que debe o no debe hacer...

Índice

Dime lo que sientes, hazme sentir tus sentimientos, castígame con ellos o deléitame con tu alegría, pero hazme sentir algo en el ser, para saber que aún estoy vivo...

Para bien o para mal, dependo de ti para escribir...gracias dolor.

Manzana acaramelada

(miércoles 23 de marzo de 1994)

Eres beso que di por primera vez apasionadamente,
Sentí calor y sudor que corría por mi frente,
Mordiste mis labios de forma inclemente,
Me hubiera gustado saber que pasaba por tu mente...

Tus ojos chinitos no dejan saber si besas con ternura,
Pero debo reconocer que, si subes mi temperatura,
Ninfa de mis deseos adolescentes aprieto tu cintura,
Niña agrandada se empina para alcanzar altura...

Decidimos estar, aunque seamos de otros grados,
Te espero a la salida del colegio, para besarnos,
Sentimos algo extraño y buscamos ocultarnos,
Caminamos al parque, así nadie podía molestarnos...

El ritmo de este amor de secundaria va airoso,
Hasta que descubriría algo que lo torno tenebroso,
No era el único en tu lista de besos, era deshonroso,
Había otro mozo de tu agrado y cariño dichoso...

Aprendí que el amor duele siempre desde la primera,
Y que esto se repetirá siempre, que no es quimera,
Se aprende de esos amores y aunque duele se supera,
No se olvida, lo recuerdas y sonríes, aunque hiera...

Christian Castro Silva

El recuerdo de un recuerdo

(martes 27 de marzo de 2018)

No sé si eres parte de algo que estaba en mi cabeza,
Quizá te vi alguna vez y hoy me causa extrañeza,
Porque me llama tu rostro y tu extraña belleza,
No recuerdo que seas la mujer reina de mi bajeza...

Te vi después de mucho y si bien, te busco en un beso,
No encuentro esa conexión que teníamos, confieso,
Esos besos ya no son míos, a otro más tienen impreso,
Estaban ya húmedos tus labios y no era por mi regreso...

Aunque el sentimiento sea real y ganas me tienes,
Tu cuerpo tiene otro aire y otra esencia mantienes,
Un cuerpo dejó su reflejo, aunque hoy de mi te llenes,
Hasta tu forma de amar es distinta, ya no vienes...

No me atrevo a preguntar para no perder el trance,
Siento que entre nuestros cuerpos ya no hay balance,
Duele saber que ya no recuerdo tu mismo romance,
El recuerdo de un recuerdo no permite mi avance...

Recordar como eras antes de nuestra separación,
Entiendo que tu cuerpo hoy de otro es una invasión,
Estos son los últimos deslices antes de tu transición.
Vivirás otra vida, con otro cuerpo y otra pasión...

Es el fin de la ilusión,
Que se acepta con desesperación,
Teniendo el recuerdo de un recuerdo con resignación.

Christian Castro Silva

El Elegido

(viernes 30 de diciembre del 2016)

Miro tus ojitos chinitos y chiquitos eres el elegido,
Entiendo tú eres uno de mis hijos un recién nacido,
Hay algo exclusivo en tu mirada mi mocito cupido,
Eres parte de mi ser y te veo a mi muy parecido...

Te miro, te observo te abrazo y no dejo de soñar,
Que eres una vida pequeña y no te dejo de admirar,
Para que crezcas hermoso te tengo que cuidar,
Porque este mundo etéreo no te puede devorar...

Debes llevar el apellido de tus padres con clamor,
Disfrutar tu vida haciendo las cosas con amor,
Serás un gran ser humano que viva con buen humor,
Y no dudes en buscarme cuando sientas un temor....

Eres un elegido que tendrá grandes ambiciones,
Siempre con esa sonrisa que causa sensaciones,
Y tus ojos chinitos que deleita con devociones,
Un bebe ahora, que pide muchas atenciones....

Te tengo en mi retina y te sueño un gran hombre,
Llevarás con orgullo tu galantería y tu nombre,
Hijo tú serás el elegido que este mundo alfombre,
Cambiarás el precepto del orbe y serás quien lo renombre...

Christian Castro Silva

Mirando la clepsidra

(viernes 6 de marzo de 2020)

A tu boca me acerco a seis centímetros por segundo,
No hay forma que me detenga en este éxito rotundo,
He ganado espacio, será un beso intenso y profundo,
Lo he conseguido y siento que en ti me hundo...

Miro después de tu partida ese beso ¿será despedida?,
Volveré a verte de mi cuello prendida,
O serás un recuerdo en mi mente aturdida,
Algo me hace pensar que no te veré más ninfa comedida...

Fuiste ser, que paso por mi vida de forma desmedida,
Pero el fuego de tus besos no tendrá una despedida,
Converges mi mente con siluetas de sexo sin medida,
Eres recuerdo de paso y mi alma está dividida...

Pudo ser una historia hermosa y fantástica,
Pudimos con cada beso dejar al mundo en estática,
Pero decidiste irte y dejarme con esta problemática,
Cuando sentía con tus besos que serías carismática...

Tus razones claras tenías, eres mujer de un solo ser,
Y conmigo no podrás ver ningún otro amanecer,
Tienes tu hogar y nada me tienes que ofrecer,
Sigue tu camino, sé que no te voy a detener,
Te veo alejarte en este bello atardecer,

Hoy soñaré que te espero y miraré la clepsidra,
Guardaré la botella que hubiéramos bebido, de esa vieja sidra...

Christian Castro Silva

Sumisa tenebrosa
(viernes 9 de marzo de 2018)

Una sonrisa me dice entre líneas que estás hermosa,
Otra sonrisa me muestra que preparas otra cosa,
Me buscas en mi deseo y te encuentro preciosa,
Entendí algo más, me mientes, pero sales airosa...

Luego de erosionarme en tu deseo suntuoso,
Me miras y sonríes, como un gusto ambicioso,
Te miro celoso y te reclamo tu cariño ocioso,
Sonríes y me calmas con un "te amo" angustioso....

No tengo porque ponerme supersticioso,
Pero siento algo en el corazón que no es gracioso,
Me duele imaginar que nada será armonioso,
Te pierdo, porque después del sexo ya no hay nada asombroso...

Te retengo con mi cariño excesivo y magnificente,
Estoy seguro que nada será adecuado y suficiente,
Tus silencios a mis reclamos es estrategia decente,
A esta relación que día a día se vuelve decadente...

Entiendo que no te podré retener más tiempo en esto,
Ni gritos, ni ruegos, ni grandes regalos apuesto,
Con tu silencio me pides que todo este depuesto,
Esta danza de deseo y amor acabó y fue discreto,

Silenciosa y sumisa tus labios no fueron honestos,
Timaste, nuestros corazones estaban contrapuestos...

Christian Castro Silva

Pies pequeños, alma horrenda

(jueves 16 de enero de 2019)

Te miro como la primera vez, pero ya no es increíble,
Intento hacerlo con amor, eso sólo sería imposible,
No me atrevo a responder tu rencor eso sería risible,
Ante tanto odio, te miro y me mantengo apacible...

Miro tu aura de odio y el aire que mueve tu cabello,
Pensar que cuando te miraba así antes, era tan bello,
Mirar cuando decías te amo era un hermoso destello,
Hoy tus palabras son lanzas directo a mi cuello...

Linda eres eternamente y selecta con pies pequeños,
Tus pies sé que sólo podré acariciarlos en mis sueños,
Pensaré en un mundo donde no fruncimos los ceños,
Vas echando ponzoña y mis lamentos caen como leños...

Lustros acostumbrados a tu beldad exótica y erótica,
Hoy en tu ser hay una dama de alma negra y gótica,
Sólo deseo en mi ser esfumarme de tu vida psicótica,
Talvez desarmar el abismo de tu ternura despótica...

Espero termines tu fandanguillo de tirria no verbal,
Tu hastío crece y mi sosiego quieto te deja sin rival,
Mucho odio en tu ser de pies pequeños y alma tribal,
Te miraré con recuerdos y con paz hasta el final...

No destruyas más con tus palabras, ya no eches sal,
Ciertamente fuiste en su momento alguien especial...

Christian Castro Silva

La mujer que amaba por hora

(miércoles 15 de mayo de 2019)

Te digo "te amo" y tus labios permanecen sellados,
Me miras en silencio y tus labios siguen callados,
Cambie para ti, para poder sentirnos amados,
¿Qué pasa por tu mente?, recuerdos despostillados...

Ayer me miraste otra vez, me envolviste al dormir,
Me senti agradecido y amado, pero volviste a fingir,
No existe forma de que puedas volver a mentir,
Se está forzando algo que ya se empieza a podrir...

Antes de ir al trabajo, con un "cuidate" me despides,
Hoy quizá piensas diferente y hasta no me olvides,
Por la noche llegare ilusionado, pero ya no resides,
Me jugaste otra vez, no sé lo que realmente pides...

Esto no es amor, ni convivencia, sólo es tortura,
No hagas las cosas confusas, me llevas a la locura,
Vives en una mentira construida con estructura,
Tus sentimientos son claros y tu odio no tiene cura...

Crees que amas cuando complazco tus amenidades,
Pero me haces vivir sentimientos con mediocridades,
Mientras sueño con lograr verte feliz con bondades,
Tu haces mi tumba con conmociones y necesidades...

Creas dudas y frialdades,
No cargas certeza ni verdades,
Siembras y cosechas sólo falsedades,
Y te crees correcta en tus infidelidades...

Christian Castro Silva

No quiero que acabe esta noche
(viernes 7 de diciembre de 2001)

Que la sombra no me zanje de ti, amor verdadero,
Aunque queda esta noche, quisiera que sea duradero,
Quiero tomar tu mano y provocar un beso sincero,
Que se reduzca el tiempo pues tomaré un sendero...

No te volveré a ver, aunque digas: "yo volveré",
Escaso es el lapso, cuando retornes ya no estaré,
Pero donde me vaya en cada segundo en ti pensaré,
Tengo abismos que quiero llorar y que no soltaré...

Por el tiempo que corre, por el momento que amaba,
Por el cielo que observamos y la vida que miraba,
Por el baño de luna que tus ojos y tu rostro reflejaba,
Porque el tiempo no alcanza y aunque pido se acaba,

Si se acaba el tiempo, pero igual tienes que avanzar,
Aquí me voy a quedar y paciente te voy a esperar,
Quizá no me encuentres cuando vayas a regresar,
Contra el crepúsculo de la vida no se debe batallar...

Y cuando regreses,
En estos muchos meses,
Sé que mucho te mereces,
Pero si ves mi rostro quiero que me beses...

No puedo prometer que mimaré tu rostro armonioso,
Pero donde esté, me llevaré tu recuerdo hermoso,
Acarrearé tu presencia en cada segundo afectuoso,
Te adoro y ni la expiración acabará con este sentimiento prodigioso...

Christian Castro Silva

Rescate por un alma

(miércoles 22 de abril de 2020)

Quiero esa luz que a poquitos se va encendiendo,
Que ilumine tu destino y que vaya creciendo,
Que te guíe en ese pozo de nostalgia y desacuerdo,
Que te dañó en el pasado y menoscabó tu recuerdo...

Déjate amar, yo no estoy aquí para hacerte daño,
Sólo quiero parte de tu vida para no darle engaño,
Quiero de ti y tus sentidos para guiarlos cual rebaño,
Tu mereces amor y cariño más que sólo un regaño...

Eres un ser de luz que amó y perdonó en exceso,
Que no concibieron consolar con amor y un beso,
Nunca supiste el valor en oro de tu alma ni su peso,
Pero deduce mi amor, tú no eres un prócer de yeso...

Eres mucho más que eso y vivirás amor verdadero,
Amor cargado en un solo beso y que sea sincero,
Confía pues ahora tu vida será un hermoso sendero,
Que andaremos juntos y será fuerte cual acero....

Llegó nuestro momento no sueltes mi mano ahora,
Lo que nos espera, es un mundo que nos adora,
Juntos logrando lo que cada uno en la vida añora,
Es tiempo de ser felices y de tu vida ser constructora,

Ser la que por tus triunfos de alegría llora,
Y "el amor de tu vida" que en tu corazón mora...

Christian Castro Silva

A un mes de tu partida

(sábado 7 de marzo de 2020)

A treinta días de tu inesperada partida,
Se abriga el dolor y el desánimo se anida,
A veces te veo en sueños triunfante y enorgullecida,
Despierto y la nostalgia en mí otra vez se revalida...

Debo afirmar que tu tiempo no debió terminar,
Veo a otros su vida arruinar y verlas malgastar,
Irónicamente gozan de salud y no la merecen tentar,
Tú que siempre luchaste, el dolor no te dejo brillar...

De ti siempre nos acordamos y mucho hemos llorado,
Parece extraño ver tu nombre en la tumba tallado,
No me hago la idea que a otra vida hayas viajado,
Tus amigos de alguna forma te hemos recordado...

Miro tu escritorio con la foto de tu familia que veía,
Aunque no volverás tu consejo será siempre mi guía,
Extrañaremos tu buen humor y tu algarabía,
Era un todo contagiarnos de tu constante alegría...

Poco a poco en este tiempo llega la resignación,
Nos duele el vacío que dejaste y motiva compasión,
Pero queremos pensar, que estás bien sin opresión,
Sé que te volveremos a ver libre y eso será una bendición...

Christian Castro Silva

Frialdad con garantía

(martes 28 de abril de 2020)

Me arrojo en suspirar para poderte admirar,
Me miras y repudias, no anhelas ni charlar,
Te miro y evoco cuando yo era la razón de tu mirar,
Era tu vida y conciencia y lo que podías soñar...

Sales en la mañana con un café y ni me miras,
Me aturdo para poder preguntarte porque te retiras,
Sé que no cambiarás pues vas a ver a quien admiras,
Te escondes para develar con morbo lo que con él deliras...

Entiendo que sólo para ti soy parte de tu mobiliario,
Sería adecuado si existiera de mí ser un obituario,
Igual considero ser de tus sentimientos un vil sicario,
De mi sólo necesitas vivir bien y un buen erario...

Los años se me vienen encima, sólo soy un sobrante,
Pero aquí sólo existes tú, eres una perfecta pedante,
Hoy me pagas con desprecio y frialdad arrogante,
De tus lujos y placeres mi ser sólo fue un donante...

Llegó tu momento hoy partiré directo a la oscuridad,
Lloras y gimoteas como la viuda de perfecta bondad,
Tu teatro convence, se luce con familia y comunidad,
Este arcaico no te ha dejado nada ni por casualidad,
No sabes que aún no llega el momento de la verdad...

Te serviste, pero me subestimaste sólo por mi edad,
Entiende al veterano no le timas con genialidad,
Fui más genial que tú, aunque tenía caducidad...

Christian Castro Silva

Destino Acorralado

(jueves 12 de marzo del 2020)

Llegó un día que no quería que llegue a mi corazón,
Llegó ese día fustigador, punto crítico de inflexión,
Llegó y sabía que sería este el día final de mi misión,
Y concluye el encierro de la subsistencia sin razón...
Entiendo que viví al ritmo punzante de una canción,
Quizá viví en desesperación más que por inspiración,
Tal vez sentí mal los latidos absurdos de mi corazón,
Y pensé que estar escoltado era mi infalible pasión...
Hoy es el día que abandono este pesado caparazón,
Me custodio abatido de mi vida no manejo el timón,
Esto me tira, me asesta, me acuesta sobre el fogón,
Pero un camino tengo para apagar el sofocón...

Esperé al destino sin misiva y en cuenta regresiva,
No era mi desquite y colapso una noticia sorpresiva,
Me escondí como un espectro en cacería lasciva,
Para abordar mi penumbra eterna y festiva...

Jalar la cadena de un barco con un hilo de pescar,
Iba a irritar y hartar hasta en penumbra entrar,
Una tendencia pesada entra mi devastado pensar,
No era forma de irse para un titán de gran brillar...
Asomó la voz de una hurí detrás y empecé a dudar,
Hefesto no desertes y no pierdas tu luz de gran altar,
No te dejaré ahora, seré tu Hestia y vamos a brillar,
Razoné en ese moho mental y detuve mi accionar,
Esperé hasta que sus brazos me hicieran abrazar,

Me sentía fragmentado por un destino acorralado,
Cambiaste mi desatino por un ajeno destino amado...

Christian Castro Silva

Creo en tus sentimientos

(sábado 1 de enero del 2000)

Casi no sé ¿quién eres?, ni de ¿dónde vienes?,
Entraste a mi vida, por favor no la envenenes,
A golpe de rodeos apasionados me tienes,
¿Cómo decirle? a mi novia, que tú me entretienes...

A penas soy mayor de edad y contigo algo intento,
No sé si eres la mala de este lascivo y raro cuento,
Tengo que vivir a paso de días en que miento,
Pero sabiendo que te voy a ver, vivo contento...

Finalmente pude estar libre como me pediste,
A pesar de eso algo no está bien, me siento triste,
Creo en tus sentimientos, pero confianza no existe,
Algo extraño me hace preguntarme ¿Qué hiciste?...

Es obvio que quiero aquello que me prometiste,
Un amor excitante y promiscuo, algo que luciste,
Eres trece años mayor, es obvio que ya lo hiciste,
No dejo de preguntarme, ¿niño en qué te metiste?...

Los meses pasan y vivo el festejo insólito y carnal,
No aprendí a amar, pero me acarreo por tu caudal,
Debajo de tu cintura hay un adictivo sedal,
Que me genera instintos y me vuelve inmortal...

No sé si fue una desorientada decisión inadecuada,
Pero todo lo que comienza así, rescinde en la nada,
Tu buscando otra víctima fresca y descarriada,
Yo pidiendo perdón a mi ex novia descorazonada...

Christian Castro Silva

Adiós Fräulein

(sábado 8 de setiembre de 2001)

Te diré adiós después de esta noche grandiosa,
Fueron noches intercaladas de pasión ambiciosa,
Me somete tu apetito insaciable, tu mirada lujuriosa,
Seductora germana, sensual, perversa y afectuosa,
Casi ni te entiendo, pero me gusta tu voz sinuosa,
Me cautiva tu piel brillante y tu intimidad frondosa,
Vienes de tan lejos para vivir tu pasión armoniosa,
Espero haber correspondido a tu lubricidad curiosa...

Partirás y tu figura habitará porque no volverás,
Nos desvincularemos y en pláticas me recordarás,
En días dispersos pensaré e imaginaré ¿qué harás?,
Con tu brillo solar capilar por algún lado andarás...

Te gusta el néctar de cebada y te ríes muy osada,
"Nunca me divertí tanto", me decías estimulada,
Con tu voz poco entendible me robabas endiablada,
Acabábamos en oscuridad, cocidos en agua salada...

Mis recuerdos serán excéntricos y memorables,
Tus labios que hacían manías de meneos variables,
Explotabas a la danza de mis dedos imperturbables,
El agite porfiado de tus manos sigilosas y adorables,
Un talle de senos de porcelana y pecas incalificables,
Adoraba tus frases de gozo y sonidos tan deleitables,
Tus ojos de cielo a medio abrir eran indescifrables,
El goce turbaba la litera en charcos impermeables,
Nos veía morir cada noche con placeres renovables,
Tú me demostraste ser diosa de dones incensurables,
Felicidad le deseo fräulein en sus nupcias honorables.

Christian Castro Silva

La infidelidad de una virtuosa

(viernes 8 de noviembre de 2013)

Por tragos que ella ve venir, por tragos que van,
Brindando por cada año juntos que no volverán,
Trata de olvidarlo y sus sentimientos la engañarán...
Ella lejos de la realidad, busca conforte y que la abrazaran...

Hoy creerá en cualquiera que le diga que es bella,
Admitirá bailar con cualquiera, hoy no es doncella,
Rosará su ser de forma exagerada, ella no destella,
Y la nariz de su rostro apena, parece una grosella...

Finalmente hay un pescador con demasiada suerte,
Será quien consume el circulo de despecho hiriente,
Ella lo eligió, y él será quien su cuerpo desconcierte,
Lo toma de la mano, dice si a la oferta del acierte...

Ya a solas abordan el sexy vaivén con desesperación,
Ella se siente rara, otro la toca, es una profanación,
Es tarde para lloriquear, él ya emprendió la acción,
Ella guarda la serenidad, pero entra en desolación...

Le duele, la asquea y cierra los ojos, no lo esperaba,
Su amor, mientras la poseía le decía que la amaba,
Este es un tipo rudo, este ser sólo en su oído jadeaba,
Ella cierra los ojos con fuerza, mientras el ser la tomaba...

Se siente peor de como estaba, pero más maltratada,
No salió como esperaba, mujer virtuosa desdichada...

Christian Castro Silva

Enciende mi propósito

(sábado 8 de mayo de 2020)

Descubre aquello que quieres conocer de mi ser,
Pregúntame como si no me fueras a volver a ver,
Escríbeme esta noche, dime ¿qué más quieres saber?,
Rebasaste en mi vida de pronto como un amanecer...
Sabes de música, arte e historia, me sabes entender,
No quiero que de mis días vayas a desaparecer,
Me gusta tu rostro, tu dulzura, todo tu hermoso ser,
No necesito más experiencias, a ti te quiero escoger...

Te veo en una foto y contemplo tu mirada inocente,
Tu mirada me esconde cosas, como algo pendiente,
Quizá no deduzco el recado y tu mirada me miente,
Quiero caer en tu abismo ciertamente quiero ser tu residente...

Día con día me cuentas algunas de tus pasiones,
Tus mensajes nocturnos me atestan de emociones,
Lo que anhelas, lo que deseas y tus mayores ilusiones,
Será, ¿está sucediendo? ¿terminaremos en amores?...

Ya se acerca el día de ver a la engrandecida sirena,
Resumiremos lo hablado a la distancia en una cena,
Te veré en persona y quizá todo esto valga la pena,
Ansío haber encontrado una doncella en cuarentena,

Finalmente, al conocerte no eres de Troya la Helena,
Pero me gusta tu compañía es encantadora y buena,
Pero precede algo que cambia la ilusión en escena,
El dilema es que te esperan en casa y eso ya te hace ajena...

Christian Castro Silva

Blanca como diente de león

(viernes 6 de diciembre del 2013)

Otra vez los dos escondiéndonos en la sombra,
Amarrados de esta forma, esa es nuestra maniobra,
Besar a oscuras, como si de un mito fuéramos obra,
En tu carro estacionado en San Borja huyendo de la zozobra...

Me miras con apetito, sonríes y me besas despacito,
En el asiento trasero empieza lo que estaba prescrito,
Disipas el control y tu instinto no puede ser descrito,
Me muerdes los labios y con tu resoplido me excito...

No acierto tus pretensiones y me tomas por asalto,
A mí me faltan manos, pero a tu calor me aclimato,
En mi regazo te fijas frente a mí y me siento novato,
Entro sutilmente, te tapas la boca ya no hay recato...

Tiras tu cabello a un lado a la vez los labios aprietas,
Oprimes mis hombros mientras a fuerza me sujetas,
Inicia un tornado circular y se empapan tus grietas,
Tentamos un salto intenso, no conozco esas facetas...

Tú castaña y frágil, hierves como una olla a presión,
Tus muslos cada vez más jugosos me causan emoción,
Exploro tu torso desnudo y tengo más de una opción,
Mis manos vejan tu tez blanca como diente de león...

Miro tus ojos color miel, miras arriba sin discreción,
Otra vez tu cabello, su aroma que deliciosa adicción,
Tu desvanecimiento orgásmico completa la sesión,
Cada espacio de tu ser, es una entera perversión...

Christian Castro Silva

Partida anticipada

(miércoles 13 de mayo de 2020)

Platicamos domingo y me narrabas de tu juventud,
Me decías que los jóvenes de ahora no tienen aptitud,
Nos reímos de los recuerdos del barrio y su multitud,
Recitaste tus amores conquistados por tu pulcritud...

El lunes te animaste a conversar y me llamaste,
Me contaste tus viajes y los lugares donde vagaste,
Me describiste el galanteo y las damas que besaste,
Recordaste Barrios Altos y las veces que peleaste...

El martes te visité en la mañana, pero te vi distinto,
Ese día pediste comer seco con un poco de vino tinto,
Tenías sed decías, pedías un licor que ya está extinto,
Pediste una silla de ruedas para salir de ese recinto...

En la tarde te auto incitaste en un sueño profundo,
No hablabas nada, pero me percibías cada segundo,
Te dije: "no me iré, en la silla de al lado me refundo",
Pregunté; ¿estás bien? y moviste tu pierna iracundo,
Puse a Pedro Infante en Escuela de vagabundos,
Tu silencio me sugería que vivías entre dos mundos...

Miércoles en alborada dejaste de existir lentamente,
Te di gracias por tus consejos y saberes simplemente,
Lamento y dolor rondaron tu entorno súbitamente,
No olvidaré el cariño que te di en vida felizmente,
El llanto y pesar rodeaban tu ambiente tristemente,
Pero sé que la paz y sosiego armonizaban tu mente...

"Lamento el llanto abuelito, hoy el día de tu muerte".

Christian Castro Silva

Acoso de una arpía

(lunes 27 de abril de 2020)

Hoy perdí todo lo que sentía por ti, hasta la pena,
Yo tengo alegría en mi vida, pero vives como hiena,
Buscando que sea un perdedor que viva en condena,
¿Por qué no me sueltas? y vives con más cautela...

Ambiciono ser acertado y contigo eso no se puede,
Buscas hacerme perder el trabajo, eso ya te excede,
Eres muy inestable y buscas que el odio sea tu cede,
No te da pánico vivir odiando y ser quien agrede...

Te has vuelto un ser que no tiene alma y que hieres,
Llamas todos los días y me pregunto ¿Qué quieres?,
Buscas la sin razón como si con pelear de divirtieres,
Peleas a media noche ¿acaso odias a todos los seres?...

Usted es un ser de alma negra, que se siente loca,
No quería amor, quería un ser que sea como roca,
Que no la contradiga y que obedezca lo que le toca,
Como fue tu padre y cuñados que viven sin boca...

No quiero un futuro donde yo sea vulnerable,
Donde no tenga amor de mi pareja y sea desechable,
Donde dormir en la cama de noche no sea fiable,
Donde me intimen con agravios y mi vida sea detestable...

Decidí vivir en sabiduría y no agonizar sin decisión,
Me alejé de tu tóxico ser y tengo fuerza de acción,
Tu no pintas nada en nosotros, no te damos atención,
Mis hijos y yo vivimos con amor y sin exaltación...

Christian Castro Silva

El tronco de un árbol

(sábado 6 de setiembre de 1997)

Yo soy el tronco de un árbol antiguo,
Un árbol muy viejo, pero no ambiguo,
Si un día tienes en vida un buen amigo,
Quiérelo hasta el fondo, que luche contigo,
Siempre cada paso fuerte con el avanza
Ayuda en sus planes y muere por su causa...

Se lo digo a mis mejores amigos,
Mis maderos viejos no son finos,
Ni mis ramas de cristal divinos,
Tengo heridas a montones con dolores,
Es porque aprendí, a amar con honores...

Si tú tienes un gran amigo contigo,
Siempre debes madurar y ser testigo,
De triunfos y derrotas y estar a su lado erguido,
Te sostiene si caes y él te recogerá cuando resbales,
Pues si ese amigo por ti lo mismo hace, lo vales...

Christian Castro Silva

Tengo miedo a la noche

(martes 12 de mayo de 2020)

Hija acompáñame, no me dejes, no te vayas ahora,
La noche aturde mis sentidos el silencio me devora,
Siento miedo a la soledad y sólo allí mi llanto aflora,
Miro el techo y en esta cama ya se acerca mi hora...

En este viaje considero que hice daño, pido perdón,
Estoy sufriendo y se acerca mi fin y sin salvación,
Me abrigo en la luz del candil y veo con maldición,
Tengo miedos sin duda, cometí errores y siento resignación...

¿Qué me espera? donde no conozco y nadie regresa,
Sólo quiero que la evolución no duela ni sea perversa,
El mundo me mantuvo noventa años sin reversa,
Tuve muchos hijos, y tuve hasta errores y tristeza...
No quiero irme aún, quisiera por última vez pasear,
Pero los días se me acaban y no me dejan ni pensar,
¿Moriré está noche, mañana? ¿Qué puedo tentar?,
Sólo sé que dormido y nunca a solas me va a llevar...

Es un día extraño, abrí mis ojos y no pude despertar,
Me vi con mis mejores ropas en mi barrio, mi hogar,
Me encontré con amigos afectivos que pude saludar,
Me topé con ex novias de antaño, las pude abrazar...

Este lugar es hermoso de aquí no me quiero retirar,
No sé dónde será, pero me siento bien en este lugar,
Me veo de quince años y mis padres están en el solar,
El viaje concluyó en decisiva, ya todo hay que dejar,
Siento paz y no siento miedo, aquí me voy a quedar.

Christian Castro Silva

Ámame con mis demonios
(domingo 17 de mayo de 2020)

No preguntes de ¿dónde vengo? o ¿cómo he vivido?,
No me digas ¿de dónde sé todo lo que he aprendido?,
No creas que lo absorbido fue fácil, todo ha dolido,
Pero en tu vida seré algo que jamás haz conocido...

Sentirás la lindura de un beso regalado sin premura,
Conocerás un "amor" con acciones que roce la locura,
Apreciarás con beldad el calor de la erótica ternura,
Inventarás cada día una hoja de tu nueva aventura,

No cuentes las horas de tu vida, déjalas esparcidas,
Si estamos juntos nada importa en nuestras vidas,
Si tomas mi mano nuestras emociones serán surtidas,
No importa donde caminemos mientras nuestras almas estén unidas...

Sólo imagina lo que nos queda juntos por disfrutar,
Hacernos un camino y nada más que sólo andar,
Sin más, hay cosas que tú y yo vamos a formar,
Camina y no mires atrás, ven ayúdame a dibujar...

Tengo sólo lo que soy, lo que tengo todo te lo daré,
Seré lo que quieras que yo sea y lo que sientas creeré,
Estaré donde quieras que esté y donde quieras estaré,
Sentiré cuanto quieras que sienta y como sienta te amaré...

Sentiremos, crearemos, amaremos...
Siendo verdaderos, siendo sinceros...

Christian Castro Silva

Humo conexo

(viernes 13 de marzo de 2020)

Preciso un cambio de aura, algo que pueda absorber,
Voy a tu prohibido encuentro, antes del anochecer,
Todo inicia con sincronía moldeable y un encender,
Empieza la conversión, al entrar en mí y emerger...

Eres tranquilizador susurro nublando mi entender,
Mudando cada centímetro en mi pausado ascender,
Las horas se vuelven dispersas, como un trascender,
Todo fluye natural, hay paz que no puede obscurecer...

Las ideas cumplen otras perspectivas, otro quehacer,
Te llenas de fuerza para emociones poder establecer,
Obtienes buscarle sentido a la vida con otro renacer,
La calma llena los sentidos, el miedo se logra someter...

Sientes que lo malo ha pasado y no tienes que temer,
Ordenas tus ideas y emprendes a las heridas vencer,
Realmente es preciso a veces poder lograr florecer,
Sin presiones, sólo ser tú mismo y a tu aura complacer...

Memorias como fosas rebosan de candelillas curiosas,
Piensas que las formas adecuadas no son ambiciosas,
Que puedes estar hecho para atender muchas cosas,
Pero es necesario darse un tiempo para una sesión armoniosa...

Christian Castro Silva

Inalcanzables ojos

(viernes 4 de marzo del 2016)

Te veo llegar, sin siquiera mirarme, tú diva elegante,
Siempre a la moda poco sonriente, tal vez pedante,
Te saludé alguna vez, me ofreciste un saludo rasante,
Mi lucimiento no te apresa, lamento que te espante...

Veo tus fotos en redes sociales y tienen gran alcance,
Odio dar like y no tentar que tus ojos me den chance,
Te veo en persona y tu caminar de perfecto balance,
Inconquistable deidad posera, sólo me deja en trance,
No hay opción variable de conquista, ni de romance,
Me conformo con mirarte y soñarte sólo eso me nace,
Pero que me detiene porque no puedo lograr avance,
Sólo veré esta tarde tu video de baile y tu agraciado performance...

El destino a veces nos deja soñar con seres celestiales,
Aunque adoremos, esos sueños nos conservan vitales,
Queda celebrar conocerlos, sin sentir que son fatales,
Idealizar que en vida o en algún sueño estos se hacen reales...

Te vi encantadora rondando en el mundo terrenal,
Volví a soñarte como antes y me sentí sólo marginal,
Parada tan fina como siempre en un paso peatonal,
Volteaste me sonreíste, quizá esta manía es personal,
Divisé que la barricada podía ser una tara neuronal,
Mis dudas y temores quebrantaron mi vida pasional,
Negándome el suceso de lograr lo bello y excepcional,
Con el tiempo de aliado hoy eres mi compañera legal,
Mi dama resplandeciente, reina única y especial.

Christian Castro Silva

Suma que resta

(domingo 3 de mayo de 2020)

Lo que dilapidaste es algo que hubiera sido radiante,
Te ofrecí un amor con ternura mística y delirante,
El tiempo es constante y prospera hacia adelante,
Pero a veces demasiado, para otros no es bastante...

Me dejaste en una calle, inmóvil casi sin entender,
Pero me fui resignando para dejarte emprender,
Te fuiste a pie, apresurada para a alguien atender,
No era yo quien vivía en tu mente en ese pretender,
Los meses que llegaron fue arduo poderte desprender,
Dolías en vida y en sueños, no lograba comprender,
Te creía feliz, tanto que perderte no podría suceder,
Escondías algo con ese tipo y así fue tu proceder...

Después de tu partida sentí un garabato mi vida,
Me desvinculé de tu destino y te supuse inadmitida,
Te volví a ver, con nuevo amor y una familia unida,
Pero el que te extirpó de mi vida, te aclaró que no eras querida...

Desertó de tu vida y te dejó con un niño en su huida,
Me abatió conocer eso, al verte existiendo destruida,
¿Vivías preguntándote si mi vida está extinguida?,

Un día de mi vida, como cuando el dolor se olvida ...

Me apresó tu misiva, no sabía de ti desde tu partida,
Recibí un correo, que tenía una rara nota atrevida,
"Hola ¿cómo estás? soy tu amiga la desagradecida".

Christian Castro Silva

Un soldado a mi lado

(sábado 18 de enero de 2020)

No fue invierno, ni en otoño el día que solo me quedé,
Pero aprendí a aguatar el dolor y a fuerza aguanté,
Perdí trabajo, dinero y familia y en todo me enredé,
Pero alguien estuvo conmigo, aunque no lo imaginé...

Mi hijo, expresó algo que nunca en mi vida olvidaré,
"Papito yo nunca me iré y a tu lado siempre estaré",
Mi niño plasmándome sonrisas, yo sus días iluminé,
Emprendimos un viaje de amor y su vida armonicé...

Confiamos el uno en el otro y en nuestra vida juntos,
Es como mi hermano y hablamos de todos los puntos,
Hoy tiene cualidades aprendidas y valores adjuntos,
El tiempo pasa y el niño es un joven de dones impolutos...

Hoy yo viejo, lo miro siendo un hombre importante,
No me arrepiento porque si el esfuerzo fue constante,
Vale cada minuto, su vida de profesional expectante,
No pediré nada a canje, mi perfecto representante...

Sólo que seas feliz y tengas una bella y gran familia,
Mi niño que decidió ser mi guía y mi única alegría,
Siempre serás mi gran obra maestra mi algarabía,
Te amaré y cuidaré con todo mi ser hasta mi último día...

Te agradezco hijo querido que hayas sido mi aliado,
Eres para en mi existir un gran soldado a mi lado...

Christian Castro Silva

En cuarentena final

(sábado 18 de abril de 2020)

La vida decidió que fuera un hombre solitario,
Que eligiera la soledad como un mal necesario,
Viví haciendo lo que dictaba mi quehacer diario,
Sereno con mis destrezas sin ningún comentario...

Pero llegó una parte de mi vida ya octogenario,
Donde me convertí sin duda, en mi propio sicario,
La soledad que tanto me mantuvo auto solidario,
Esta vez se convertía en una parte de mi obituario...

De muy lejos llegó un mal que me dejo inservible,
Yo que siempre fui un hombre fuerte e invencible,
Me demostró que solo soy un ser débil y sensible,
En pocos días me bautizó en una nómina invisible...

Los primeros días me tenía confundido e indefenso,
Asustado clamé ayuda y empecé a sentirme tenso,
Las horas avanzan y me voy acorralando indefenso,
Y en una cama equilibro mis dolores y mi suspenso...

Realmente no sé qué estoy esperando, nadie vendrá,
No sé si mañana la luz en mi rostro amanecerá,
Sólo debo esperar la eterna oscuridad, ¿Qué será?,
Hoy tengo miedo a mi soledad ¿Qué acontecerá?...

Amanecer, luego de tanto pensar encontré mi suerte,
Fui titular de diarios y estadísticas de desconcierte,
Soledad me escoltaste hasta hoy y me dejaste inerte,
Fuiste una traidora consorte y te hiciste más fuerte,
Soy un actor de drama, en una tarima de la muerte.

Christian Castro Silva

Morena indiscreta

(sábado 1 de agosto de 2019)

Jugaste a volver a verme, sabias como acabaría,
A pesar de lo que sucedería te lanzaste con ironía,
Vivimos en pecado con erotismo que no variaría,
Me buscabas en las tardes citándome con picardía...

Morena mía, todo este tiempo fuiste fruto indebido,
Los dos estamos embarcados en este viaje sin sentido,
Ni mi esposa lo sospecha, menos tu inocente marido,
Somos obra abstracta que con lascivia hemos teñido...

Me cuestionas si existe algún tipo de escape unidos,
Te respondo que podemos seguir viviendo escondidos,
Viviendo de los ecos de nuestros adictivos gemidos,
Que ceden a nuestros oídos gozar deliciosos ruidos...

Que para el resto del mundo no están permitidos,
Porque son sonidos lujuriosos de deseos prohibidos,
Que permiten que sepamos explorar nuestros fluidos,
Y nos mantiene bajo lava de un volcán sumergidos...

La ficción zanja con un ataque de lealtad conyugal,
Me dices en el lecho, que estamos en pecado mortal,
Que sientes culpa de destruir tu cerco matrimonial,
Lo que no pensaste cuando incitaste tu locura extraoficial...

Linda morena indiscreta quisiste ser siempre secreta,
Tu aventura será perpetua para este burlado poeta...

Christian Castro Silva

El cariño extraño de una madre

(jueves 10 de abril de 1986)

Creaste en mi lo que soy ahora, quizá no un buen ser,
Me comparaste en todos mis periodos hasta adolecer,
Me diste duras criticas, incluso palos para aprender,
Nunca fui un ser bueno siempre dijiste al disponer...

Me exhibiste constantemente como te avergonzaba,
Nunca te escuché decir si por algo se me admiraba,
Toda mi vida te miré, callé y nunca te reclamaba,
Me lastimaba sentir que, de mí nada te alegraba...

No creo haber sido un mal hijo o un ser despreciable,
Mucho creí ser un prójimo demasiado abominable,
No deducía ¿por qué tú me veías un ente indeseable?,
Con los años pude demostrarte que yo era confiable...

Aunque siempre fui comparado y muy mal amado,
Nunca fui mejor que mis primos o tu digno ahijado,
No fui mejor que los hijos de tus amigas del mercado,
Mi paso por la tierra manifestaría a un ser errado...

Los años no pasan en vano, lo contrario te demostré,
Mis ganas de vencer a tus fétidas teorías defenestré,
No por buscar demostrarte en tu rostro que triunfé,
Sino que en mi vida quise mejorar y me reencontré...

Te agradezco la educación que me diste de valor,
No te culpo de nada madre, ni te reclamo el dolor,
Hasta hoy en tus frases no siento afecto abrigador,
Si bien te quiero, me hubiera gustado quererte mejor,
Igual te retribuyo por tu crianza y tu extraño amor.

Christian Castro Silva

Aún tengo tu canción

(viernes 28 de agosto de 1998)

Dos lustros acaecidos de aquella canción formada,
Que fue instaurada para lograr tenerte enamorada,
Te presencio en uniforme verde, linda y emocionada,
Me decías; "soy una novia demasiado afortunada" ...

Te recuerdo castaña, con cejas marrones de gitana,
Con minifalda de colegio, piernas largas y mundana,
Me besabas de forma inadecuada cual diosa profana,
A tus catorce ya ansiabas de esa indebida manzana,

Te veía en el colegio y me besabas muy esperanzada,
Eras catorce y yo dieciséis en relación ilusionada,
Te acicalabas cual dama sintiéndose agrandada,
Te miraba y aun escuchaba a una diva aniñada...

Niña exuberante de reales y sinceros sentimientos,
Me fusioné en tu divino cuerpo tras varios intentos,
Aunque era cosa de adultos nos sentíamos contentos,
Fuimos un solo ser en nuestros apasionamientos...

Te compuse una canción en tiempos de nuestro amor,
Aunque ya no te estás aquí yo conservo el borrador,
Ahora eres parte de un hermoso recuerdo de fervor,
Eres a quien a veces sueño y recuerdo con primor...

Eras flor tierna, ansiosa de amor sincero y duradero,
Quizá no sentí la razón del afecto real y verdadero,
Aún tengo tu canción y la conservo con gran esmero,
La escucho con aflijo y mi alma se hace un aguacero.

Christian Castro Silva

Vértigo que exaspera
(jueves 23 de agosto de 2018)

Vértigo abrigo si expresas que es el fin, hasta luego,
Se apaga en mí, cada día vivido a tu lado en sosiego,
Es una caída libre de dolor y que consolida tu ego,
Me exaspera tu quietud, más me duele tu desapego...

Vértigo que me abraza, la vida contigo se desplaza,
Lanzas mi afecto al fuego y se quema en una braza,
Con desamor arrasas mis pasiones eso me despedaza,
Sufro si me hablas pues de a pocos tu boca con otro me reemplaza...

Por tu vértigo, si supieras que en las noches empeoro,
Es un vahído que me hace sentir como bodrio y lloro,
Deseo saldar la pena y que acabe la noche imploro,
Desearía desvanecerme que sea un daño indoloro....

Vértigo siento, en las memorias que tengo a tu lado,
Es como si nuestra novela no te hubiera importado,
Viví para ti y en un mar de dejadez estoy varado,
Agobiado, estropeado, arruinado y casi sin pasado...

Vértigo que exaspera es lo que siento en mi ser,
De mirarte que me cambias y no deseo padecer,
Duele pensar y vivir que sin ti veré otro amanecer,
El alba tendré que contemplar de pie y desfallecer...

Vértigo a tus dubitaciones inmaduras que alteran,
Duelen más tus decisiones erróneas que desesperan,
Y perdí todo sin importarme lo que otros creyeran,
Me fanaticé y no me afectó lo que otros me dijeran ...

Christian Castro Silva

Por más de dos mil años

(domingo 25 de diciembre de 0001)

Por más de dos mil años viví vilmente engañado,
Pues profesamos un cuento que ha sido elaborado,
Existen magnas tradiciones que nos han inoculado,
Como el calendario gregoriano que ha sido bien organizado...

La tradición cristiana a sus fiestas paganas utilizó,
En un día especial del solsticio de invierno se pensó,
La fiesta "Nacimiento del Sol Invicto" se clausuró,
Y en el calendario, navidad 25 de diciembre se estableció...

El origen de Jesús a la creación de Roma se sostiene,
En el año 525 el Papa Hormisdes I exige se reordene,
El fraile Dionisio con pascuas y gobernantes deviene,
Pero olvida los años de Octavio y deja que su pauta truene...

Así se generó un error de cinco años del calendario,
Navidad no es 25 de diciembre eso es revolucionario,
Creer que "Cristo nació antes de Cristo" es precario,
Cerca de la pascua judía y segunda semana de abril era el escenario...

La fiesta navideña la creo la iglesia con alarde,
Aunque por mis saberes se me insulte y enfarde,
Cristo y sus amigos fue escrito un siglo más tarde,
Quizá por educar a unos, mi teoría a otros les arde,
No puedo variar lo que el globo crea o salvaguarde,
Abriré los ojos del orbe así el justo me diga cobarde...

Christian Castro Silva

Flores y más dones

(martes 6 de abril de 1982)

De repente poseo varias fallas y rozo lo defectuoso,
No soy un ser inconmensurable y menos asombroso,
Busqué mi destino oculto a pesar de lo pantanoso,
Me he modelado en barro para poder salir airoso...

Reconozco el mundo, aunque lo considere caricatura,
A diario me alejo de perversos que dañan mi lectura,
Aunque más perfile la locura que una sana cordura,
Aquello que objeto con veracidad bordea la censura...

Ni por brechas, ni sospechas quiero atajar mi andar,
Voy montando mis propias reglas y empiezo a jugar,
No creo en el poderoso, ni el que me desea amenazar,
No tengo miedo a nada a este globo voy a cambiar...

No instamos ídolos sólo gente con ganas de florecer,
Que cuando cedan el mundo, dejen labor por hacer,
No tengo flores, ni más dones sólo ganas de crecer,
Pelearé por el más débil, hasta verme fenecer...

Detenerse no es opción en la obra de tu emprendida,
Busquemos con quien prender la mecha de la vida,
Aunque nos toque en el camino cada loco suicida,
Mira para adelante y emprende bien tu huida...

Por ahora sin flores, ni dones me armo un destino,
Quiero dejar algo ideal para mi casta y su camino,
Nada es gratis en el mundo, ni por menos ofrecido,
Cuando cuesten más las metas, tendrás por conocido,
Que del mundo solo eres un inquilino distinguido...

Christian Castro Silva

En cuarentena, no amo lo que no veo

(jueves 28 de mayo de 2020)

Puedo ver la brisa si agita las hojas y eso deslumbra,
Puedo ver una pluma que se mueve y veo su sombra,
No puedo amar lo que no veo, pues no me asombra,
Siento el aire que mora y que el entorno alfombra...

Eso hace que mi ser, en razón de ímpetus no mienta,
Si algo está ausente es difícil que el corazón sienta,
La falta de figura devasta como una muerte lenta,
Es confuso abrir el espíritu, si algo no lo alimenta,

No estás físicamente y eso me vuelve un no creyente,
No te guías de mi sufrimiento ni de lo que te cuente,
Si razonaras lo esencial que es imaginarte en frente,
Vivirías aquí, entrarías en mí, no serías sólo un ente,

Esto va más allá de la depresión y el desconcerte,
Además, no sólo enfrías el apego y duele no creerte,
Estar lejos de mis dogmas y credo es como la muerte,
La soledad por sí sola arrasa la vida y la revierte...

Da vuelta y mira "a tu gente" expirando a su suerte,
No encuentro reclamo o una razón para entenderte,
Sé que es una cruzada perdida y no podré vencerte,
¿Es justo que le des la espalda y puedas esconderte?...

¿Puedo pensar de ti, que eres un Dios en silencio?,
El orbe muere, reclamo eso y ¿espero tu desprecio?,
Tú el gran señor, das para el mundo un destino recio,
¿Tal vez descolgaste el teléfono?, a este planeta en menosprecio...

Christian Castro Silva

A mí padre, porque no es tarde

(sábado 29 de marzo de 1956)

Mi padre, mi ser amado con su sonrisa de costado,
Te escucho contar tus historias siempre agrandado,
Sabes de salsa y de música de los setenta demasiado,
En cine atenderte es grandioso nada has olvidado...

Mi padre un victoriano nativo de calles y callejones,
Jugabas futbol y apuesta en Jr. Canta con bribones,
Gorreaba tranvía con palomillada entre vagones,
Te reñiste a la salida de la escuela con soplones...

Siempre oloroso y pulcro eras sueño de una bribona,
Forjaste juergas de ron y cerveza con la gente leona,
Tejías salsa con los pies en polladas de doña faldona,
Robabas la ojeada de tu son a alguna samba ligona...

A veces loco y alaraco en las disputas de la quinta,
Otras danzabas en las riñas aclamado por tu finta,
Después de la reyerta la peinada no se veía distinta,
Ibas a festejos y gruñían "ya llegó el colorado con pinta",

Aunque hoy vivas más entre pastillas y ungüentos,
Papito lindo, has pasado años de buenos momentos,
Te admiro viejito ilustre y atrevido de pasos lentos,
Fuerte en espíritu, con grandes historias y eventos,
Aun tienes voz para La Matancera y sus elementos,
Hoy veo un varón cansado de molestias y lamentos,
Pero como un niño que ama a su casta y sus cuentos,
Papá copie todo de ti y eres mejor que yo por cientos,
No podré aspirar a tener uno de tus tantos talentos.

Christian Castro Silva

Mundo sin Gracia

(martes 26 de noviembre de 2019)

Te fuiste a horizontes lejanos por una mejor carrera,
Vi con desconsuelo y desazón tu despedida ligera,
Vi tu sonrisa de gozo el día de tu partida agorera,
Tu adiós prepara el prólogo de mi desdicha entera...

Te escribí la primera semana en esas tierras raras,
Me hablaste de nuestro amor y dijiste que llorabas,
Fantaseábamos haciendo planes cuando regresarás,
Me dices que resistes y que siempre me extrañarás...

Los días pasan y no te conectas, aunque lo intentas,
Será que hay muchas tareas y las horas no cuentas,
Hay más excusas por ausencias y las argumentas,
Ahora ya me exaspera tu sigilo, quizá no lo sientas...

No quedan reclamos, el amor se enfrio sin limitación,
Los mensajes no sirven sólo quedan en notificación,
No creo en tu actuación, ya no hay palpitación
Dejaste de amarme y no puedo entrar en razón,
El invierno toca mi vida siendo verano la estación,
No sé ¿qué hice mal?, por ahora vivo en negación,
Miedos se forjan en verdad en este lánguido corazón,
Tú eres parte de otra historia otra vida y relación,

Llega el día de tu regreso detrás de tiempo acaecido,
Fui a verte turbado sabiendo que está todo perdido,
Un gesto tímido me pone en tu delante desentendido,
Acompaño la tortura con un saludo introvertido,
Entre los amigos te aferras a tu foráneo prometido,
Bella Gracia acoge la venia de este tu amigo querido.

Christian Castro Silva

Sonrisa perspicaz

(jueves 15 de marzo de 2007)

Hoy te encuentras lejos mi niño de selecta expresión,
Eres varón con mirada de prójimo y contemplación,
Extraño tus palabras y tu antojadiza conversación,
Te robas mi atención, mi cariño y mi corazón...

Pienso suponer ¿qué deliberas? si usas la mesura,
Eres mi guerrero que siempre protege su postura,
Armas tertulias y diriges cual líder con toda soltura,
A mí me caen las lágrimas pues te veo con ternura...

Tienes más de un talento que a todo ser captura,
Varoncito bello cada frase tuya es una escultura,
Tienes continuamente una fábula o una aventura,
Y cuando reclamas lo justo reaccionas con bravura...

Nunca me cansaré de escucharte y de atenderte,
Te extraño hijo y no soporto las ganas de recogerte,
Pero ahora vives con mamita dile que no fue suerte,
Haber traído al orbe a un ser tan lindo y excelente...

Si llegas y te reúnes conmigo los días son de gozo,
Te extraño; "hoy te guarde pizza, mi niño hermoso",
Excepcional, cuando platicamos y cuestionas curioso,
Adoro los momentos contigo mi retoño majestuoso...

Pensaré con añoranza los días cuando conmigo estás,
Te rememoro a diario y digo; ¿cuándo regresarás?,
Te percibo en el futuro, ¿cuántos corazones robarás?,
Con tu léxico florido y júbilo ideal que representarás,
Pero más aún en la vida con tu sonrisa perspicaz...

Christian Castro Silva

Roca blanca sobre piedra negra

(lunes 25 de mayo de 2020)

Una sociedad no busca tu bien cuando vas a perecer,
Peor aún que de acuerdo a tu color podrías fallecer,
No es equitativo cuando por tu clase vas a perder,
La ley no es justa cuando siempre vas a adolecer…

Maldita diferencia de piel que da más valor a un ser,
Te muestras hombre de ley, pero no pudiste entender,
Que un ser humano precisa aire para no languidecer,
Devastaste una historia para supremacía mantener,

Un lunes como cualquiera cerca de un atardecer,
Sin piedad, ni pena una vida terminó por disolver,
Con uniformes robaron aire para racismo esconder,
La muerte vestida de ley buscaba una vida extraer…

Sr. Ley tu piel será blanca, gringo de hebras color sol,
Pero tu cerebro racista no más grande que un fréjol,
¡No puedo respirar!, lo oíste y pensaste como caracol,
No entiendes las palabras, brutal rodilla de tiracol...

Sr. Ley, avivaste el orbe y la minoría que desprecias,
Seguro estás espantado rodeando a los que aprecias,
Piensa si les faltara el aire ¿exigirías condolencias?,
Serás juzgado y en cárcel distribuirán tus exequias…

Floyd, se hará justicia aún queda más por avanzar,
El color de piel no debe tener valía, se debe enfatizar,
Pero nunca debemos olvidar y se debe interiorizar,
Que una "roca blanca sobre piedra negra" no debe estrujar hasta verla despedazar.

Christian Castro Silva

¿Por qué he de olvidarte?

(sábado 21 de octubre de 2006)

El verso es emoción de un alma que va radiante,
Viaja en forma de letras y se trasmuta variante,
Esta sirve de salvavidas para el corazón amante,
Son las rimas y sonetos maderos de vida sobrante...

Te compuse canciones y te canté siempre expectante,
Te di calor y amor, aunque a veces eras beligerante,
Pero te amé y aun así te perdí de modo denigrante,
Me cambiaste gradualmente por un ser aberrante...

Para el que flota en un mar de aflicción punzante,
Duele el rememorarte y me atormento en pensarte,
Si bien duele repasar tu fábula y duele recordarte,
Me inquiero fijamente ¿Por qué no he de olvidarte?...

Tarde me di cuenta de tu cambio y secreto amante,
Descubrí la desdicha y yo era un atavío comediante,
Tenías un ser que te consagraba placer exorbitante,
Y yo sufriendo la vergüenza de tu desapego farsante,

Hoy te vi como quisiste vivir, de forma inquietante,
Viviendo con tu amante extranjero, el tipo tunante,
Tu vestida de colores y estrellas muy extravagante,
Y acompañada de los paisanos de tu divino viajante,

Vive tu sueño de encanto, de erotismo abundante,
Pero ¿Por qué no he de olvidarte?, mujer intrigante,
Porque en los ojos de tu hija miro un ser rebosante,
Bello cual ángel y que lleva tu primor impactante...

Christian Castro Silva

Arrepentimiento final

(Domingo 31 de mayo de 2020)

Quiero oscurecerme sin sentir que me consterno,
Deseo inhalar con dolor de mi burbuja de invierno,
Quiero estar bajo cuatro metros con un buen terno,
No diré lo que siento, aunque arda como el infierno,

Yo hice cosas buenas, aunque nadie recuerde de ello,
También cometí errores y me siento mal por aquello,
El hoy pasará lento, aunque el ahogo sea un degüello,
El dolor ha tomado mi poco espíritu cual agrio sello...

Hoy en el fondo de mi cuarto al lado de mi ventana,
No soporto esta soledad cruel que es dura y malsana,
Planeo mi innegable cierre y la pena me apantana,
Mi misiva se mancha con una lagrima temprana...

Estaré inmóvil y plácido en el centro de mi cama,
Al alba vendrá el sol en la ventana y no habrá alma,
Mimará mi rostro tratando de despertar mi drama,
Y estaré inmerso en sueños donde nadie me reclama,

Nunca quise tratarlo con demasiada transparencia,
No quise ser autor de más muertes por imprudencia,
Ahora llegó mi fin inevitable con dolorosa anuencia,
Jamás quise ser una estadística negra en decadencia,
El dolor de mi apasionante final toma presencia,
Me infecté de algo que perturbaba mi conciencia,
Pero el malestar llegó con crueldad e inclemencia,
Hoy se lleva mi alma con barbarie y vehemencia,
Es mi último suspiro de la soledad con indolencia,
Es el mudo testigo de mi partida con impotencia.

Christian Castro Silva

Al final del fuego

(domingo 3 de noviembre de 1991)

De noche se iniciaba una pollada simple y popular,
La quinta necesitaba desagüe y lo debían de reparar,
El huayno y el trago empezaba el contexto a alegrar,
Una casona de Barrios Altos una fiesta iba a dar...

Seis hombres cubiertos acabaron con la algarabía,
Lanzaron al suelo a todos, no entendí que sucedía,
Las balas peinaban las vidas y quedaban en agonía,
Otras en el acto desaparecían era una fea cacería...

Más de treinta balas se llevaron a los vecinos ese día,
Algunos otros recibieron tiros de gracia y me afligía,
Uno de esos tiros se llevó a papito que tanto quería,
Entendí que con él me iría, pues yo me desvanecía...

El grupo Colina fueron los autores de la carnicería,
Su error costo muchas vidas y familias en psicopatía,
Su mal cálculo sangriento fue con un piso de lejanía,
Era el segundo piso donde se escondía la cobardía,

Fuimos 15 los fallecidos ese día, y yo que sólo barría,
Mamá lloraba mi muerte, pues en sus brazos partía,
De esa noche fatídica sólo 4 la muerte no acallaría,
Quizá fue bueno morir, pues la justicia no llegaría...

Hoy me pregunto si la justicia sigue siendo vacía,
Quizá por ser pobre hasta hoy a nadie se ajusticiaría,
Y los culpables, como se debía nunca se les castigaría,
En una jaula dorada vive aquel que a todos, ese día matatía...

Christian Castro Silva

Nunca se debe negar el amor
(jueves 28 de junio de 2018)

Ni en normas, ni medidas, el amor no se censura,
Que prospere cual flor que crezca con hermosura,
El amor no se niega, ni por ley se trata con mesura,
Que busque su sólo sentido y no tenga ni una fisura...

Son dos seres humanos déjalos que sin límite se amen,
Para eso fueron creados y que con ternura se sumen,
Sin importar su sexo, que de afecto pasión se colmen,
Que una bella familia con sus altos y bajos formen...

En el mundo perfecto el amor como lluvia mojaría,
En cualquier parte del cosmos un arco iris alzaría,
Sólo así el que usa la biblia como lanza entendería,
Que un dogma no te dice a quién amar, no debería...

Mírate al espejo hombre de dudas, bello e imperfecto,
No te juzgarán, ni con quien te beses, ni tu intelecto,
Eres cuanto lo desees, siendo tú mismo serás correcto,
Eres tu propio futuro, tu destino en tu amor selecto...

Mujer fuerte y valiente, sabes qué hacer con tu vida,
Si amas a otra mujer que es encantadora y decidida,
Es momento que te muestres y no temas a una caída,
Que cada noche tu pareja sea día a día la reelegida...

Hombres y mujeres del orbe son libres en su afecto,
Pues el sentimiento que sientan será el bien electo,
Amando al ser de su destino ese humano predilecto,
Jamás siendo juzgados por credos, ni por un insecto...

Christian Castro Silva

No te amaré en exclusiva

(viernes 20 de abril de 2012)

Haz vuelto de tu escape, indemne y estruendosa,
Deseas que te trate como una princesa o una diosa,
¿Aguardas que te rodee? y llore de forma espantosa,
O pretendes que como en antaño te regale una rosa...

Te fuiste sin terciar vocablo en una tarde escabrosa,
Cargando ira, saliste de mi vida rauda y azarosa,
A mi regreso de la faena te habías ido silenciosa,
Con alguien de popularidad infausta y borrosa...

Hoy vuelves arrepentida como una niña culposa,
Traes desdicha y aunque te fuiste de forma faltosa,
Intentas encajar y pedir caridad con pena y llorosa,
Lamento objetarte a ti y con tu distinción fragosa...

En esta choza, como la citabas en época ambiciosa,
Clamo que no seas flor de desierto y musa grandiosa,
Pues el tiempo pasa y tu presencia ahora es grimosa,
Mirarte es apenarse, repelerte y juzgarte mentirosa,

Entristece tu mala usanza evolutiva niña perdida,
Pero a mí, ya no me complicas las pasiones y la vida,
Desde que tú partiste, estas ampliamente sustituida,
Mi existencia con afecto está largamente abastecida,

Te pido alces tus bagajes y empieces tu larga partida,
En este pajar de poca pompa no eres más bienvenida,
Suerte en tu éxodo, pero en mi paso eres aborrecida,
Revela al otro que hagas caer en tu mentira podrida,
Dile, "no te amaré en exclusiva" y dispone tu huida.

Christian Castro Silva

Durará el tiempo que quieras
(lunes 1 de junio de 2020)

No sé si seré para ti, el príncipe gris, el tipo indicado,
Aunque fui tu educador, cuando enseñaba pregrado,
Te enamoraste de mí, en el lapso menos esperado,
Siempre me miraste con ojos de amor hechizado...

Deje correr la clepsidra y el destino nos ha juntado,
Me observas deslumbrada, con tu amor reafirmado,
Te revalidas en el trato, con ternura me haz lazado,
Aun te veo niña, complicada con un delirio creado...

Tu cara de niña en la clase de maestría me complica,
Miras atentamente, tu guiño mi cuidado se adjudica,
El tiempo se hace lento y tu voz dulce me reivindica,
Acaba la clase, partimos al periodo que pronostica...

Los años acaecieron, pero tu simpatía te cualifica,
Tus ojos no rehúyen me ven con viento que suplica,
Me quieres cerca y no sé en este lapso ¿qué aplica?,
Cuando el amor esta endeble, un beso lo solidifica...

No esperé tanta placidez en un amor desenfrenado,
Cautivo de mocedad de mi princesa vivo enamorado,
No creí en el cariño, después de haberme divorciado,
Contigo vivo el agrado pleno de vivir hipnotizado...

Llevamos juntos de la mano, viviendo unificados,
Con el pacto de concebirnos en pleno vinculados,
Tu surtiendo la gracia del renacer encandilados,
Y yo suministrando el ilustrar de mis pasados difuminados...

Christian Castro Silva

Ámame como en antaño

(sábado 24 de julio de 1937)

Pasa otra vez por la puerta de mi callejón y mírame,
Salúdame si me ves, acércate dime "hola" y sonríeme,
Sin que nadie del callejón nos vea una rosa regálame,
Cuando vaya a comprar pan en la esquina espérame,
Me gusta conocerte, verte, con tu garbo enamórame,
Con tu saco gris y tu sombrero fedora, deslúmbrame,
En la esquina del estanco de sal, un dulce alcánzame,
En la pulpería del chino de la esquina, encuéntrame,
El domingo vamos a jironear, con gentileza paséame,
Toma el tranvía en Manco Cápac con finura súbeme,
En Plaza San Martín bajemos y del brazo tómame,
Pasea conmigo por Jirón, en Vía Veneto enaltéceme,
Regresando por la Calle Belén, el rostro acaríciame,
En el Parque de la Exposición tu cariño declárame,
Te dejo en ansiedad y te digo lo pensaré, aguárdame,
En la opacidad del Parque de la Reserva, escúchame,
La réplica es sí, estoy nerviosa, tiernamente bésame,
Desde hoy nuestro amor hemos sellado, sólo ámame,
Los años pasarán y tu esposa siempre seré, deséame,
Te daré a nuestros hijos y seremos felices, cuídame,

Años transitarán y juntos hasta viejos existiremos,
Por vicisitudes y regocijos iremos y subsistiremos,
Porque seguimos juntos y sólo así unidos viviremos,
Una tarde de los ochenta, avanzaste, nos alejaremos,
Por allá donde esperas llegaré y nos encontraremos,
Te alcancé una tarde del noventa, nos abrazaremos,
Yo en el Ángel, tú en el Presbítero, así descasaremos,
Pronto a los paseos dominicales tu y yo volveremos,
Como prometimos perpetuamente, nos adoraremos.

Silencio de amor

(viernes 30 de diciembre de 2016)

El infante de los cabellitos gruesos, un bebe precioso,
Sin frases te anuncias, si no te entiendo eres ansioso,
Me miras, te ríes y no hablas porque eres ingenioso,
Pero piensas y razonas tu silencio te hace hermoso…

Eres incansable niño bello que juega en la oscuridad,
Posees confinas emociones, abrazar es tu prioridad,
Te encariñas con papito verme es tu tranquilidad,
Te veo inalcanzable en tu voluntad y tu saciedad…

Me persigues y reniegas es así como tu juegas,
Pides educarte pues todos tus enseres me entregas,
Deseas que diga el nombre y así mismo los ordenas,
Una vez que sabes su significado en fila los delegas…

Me observas por la casa y saltas, eres incansable,
Logras lo que quieres, si algo buscas eres imparable,
Me besas y acariñas si me duermo eres admirable,
Es tu forma de decir que despierte, eso es adorable...

El autismo te embargó las palabras y su sonido,
Perfecto te hacen tus gestos, eres un niño decidido,
Tu lindura es lo que comunicas y ese es mi sentido,
Pues por ese silenció de amor te llevo en cada latido...

Tu manera de comunicarte es mi código adorado,
Eres silencio de amor que me mantiene anonadado,
No hay ofrenda mejor que tener un querubín amado,
Te amo niño prodigioso quiero ilustrar mi vida a tu lado…

Christian Castro Silva

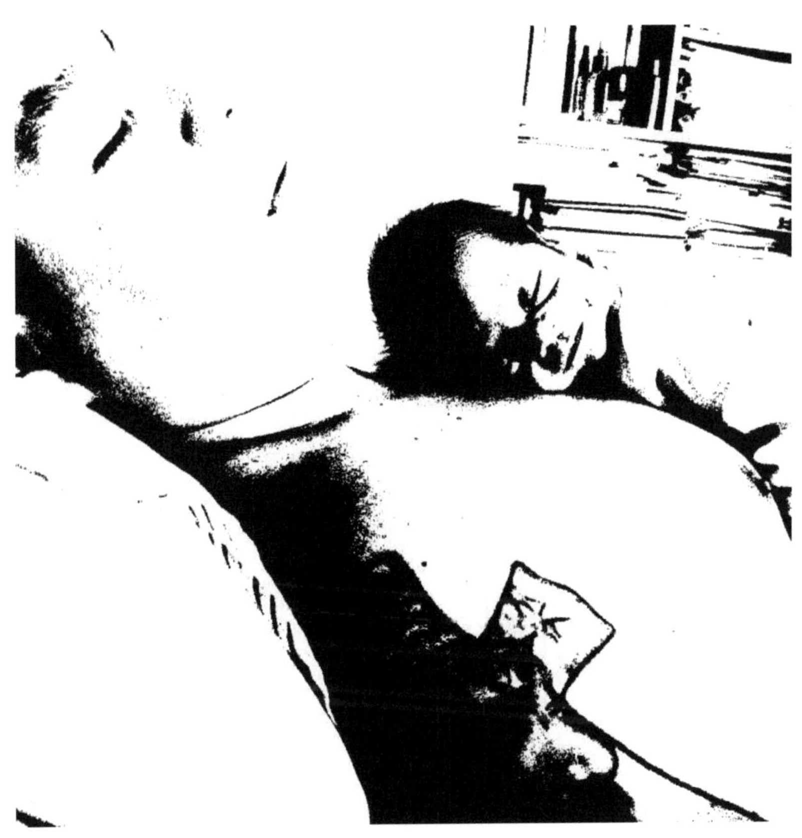

Pecas que envenenan
(sábado 11 de noviembre de 2017)

Tu rostro es bella obra de vainilla, canela y clavel,
Tú monte, cual mármol te toco suave con mi cincel,
Tu cuerpo es un lienzo, por la blancura de tu piel,
Enloqueces si humedezco en tu tintero mi pincel...

Eres desliz y haz cambiado mi vida en pecado banal,
He ofrendado mi alma a satán por tu deleite carnal,
Nada que con tu boca hallas tocado se sentirá igual,
Fémina que no eres el común denominador ideal,
Me seduces, me sonríes con tu corazón frío de metal,
Que me custodia fundido a tus fluidos de placer letal,
Me roba el recato y me muda en esclavo de tu panal,
Conduces una ajustada electricidad y el calor ilegal...

No eres mía, me has hecho tuyo, me has hecho infiel,
Haz desquiciado mi esencia bebiendo de mi cóctel,
En tu lecho soy el adversario que no tocará el laurel,
Flor de una tarde me dejarás cuando acabe el tropel,
Cada colisión podría ser el último y se acaba la miel,
Al soltar tu mano sólo encontraré una vida de hiel,
Será lo correcto para que principies un nuevo andel,
Pues las pecas que envenenan dan una flama cruel...

Sujeto al destino condenado por nuestro idilio fatal,
La hipocresía de una sociedad pervertida del mal,
No es bueno lo que hacemos nosotros, pues es amoral,
Te digo adiós no sin poseer un último fuego astral,
Variaste mi destino de no hallar a una diosa erótica
más genial.

Christian Castro Silva

Ya no soy parte de tí

(martes 18 de setiembre de 2018)

Una vez fue un amor fundado en respeto y erotismo,
Un beso encandilaba el deseo de tu cuerpo y su sismo,
La rutina es la excusa para no perderse en el abismo,
Toda fiebre de deseo ostenta su final de cataclismo...

El amor acaba cuando no toleras estar más adherido,
Conservas a la persona que aun te mantiene sumido,
Sólo distraes los días, que te hace creer aun acogido,
Es el suicidio de una relación sin amor, ni sentido,

El tedio se apoya en riñas que es lo inverso al afecto,
Se usa para unir la relación aún bajo el desperfecto,
Luego empieza el desengaño que expira el desafecto,
El tiro de gracia lo dan las bullas y falta de respeto...

Desatas la ira en las peleas y los rencores que tenías,
El trato ya no ve dones, sino defectos y anomalías,
No es la dama que soñaste con quien envejecerías,
Es la arpía que te trae más dolores que alegrías...

Dejas el hogar para dejar de vivir siempre un motín,
Te alejas eternamente de ella, no quieres ser paladín,
No luchas pues no habrá triunfo para un arlequín,
Tu ser dice, "ya no soy parte de tí me alejo por fin" ...

La vida sigue su camino,
Él encontrará el amor divino,
Ella seguirá creando su propio destino,
Lo que hicieron al unirse fue un total desatino...

Christian Castro Silva

Mi necrópolis soñada
(martes 31 de mayo de 1808)

El virrey Abascal decretó y ordenó tu creación,
El clérigo Matías Maestro con una gran vocación,
Te dio la célebre imagen de villa de paz y emoción,
Fuiste creado con esmero con pasión y perfección...

Hecho para que en la iglesia no más vayan enterrar,
Ni las flores e inciensos eran capaces de aromatizar,
El fuerte olor a muerte que los fieles debían tolerar,
Y Panteón General de Lima te empezaste a llamar...

Fundado, 31 de mayo de 1808, fue el primer panteón,
Después refundado como tu creador en gran alusión,
Cementerio Presbítero Maestro fue tu nominación,
Eres un monumento histórico de bella atracción...

Guardas con celo a los ciudadanos en su sepultura,
De los siglos XIX y XX con su orden y nomenclatura
Con 766 mausoleos y 92 estatuas eres una hermosura,
Son elementos históricos de la más fina arquitectura,

Una noche juvenil, Mariátegui y amigos "virtuosos",
Concibieron unos hechos de escándalos bochornosos,
A una diva rusa vieron dar unos meneos lujuriosos,
Desnuda Norka Rouskaya dio unos pasos afanosos,

Presbítero visitarte y valorar el respeto que impones,
Es ideal pensar que es ciudad para extintos peones,
Es deleitarse de calles, plazas, quintas y callejones,
Que todos reposaremos allí a favor o en contra de nuestras decisiones.

Christian Castro Silva

El umbral del rocío

(sábado 6 de abril de 2018)

Fue un día de aguacero recuerdo te tome de la mano,
No había cosmos, sólo los dos paseando en el rellano,
Los gestos eran sensitivos al besarnos nada era vano,
El aire era más tierno durante ese momento lejano...
Era un lapso vivaz de ternura delicada y debutante,
Llovía como nunca, eso le daba atributo al instante,
Era el clímax del romanticismo y amor abundante,
Me abrigaba al poseerte en mis brazos expectante...

Un día de febrero recuerdo bien, era lluvia inusual,
Comenzó un apego, como un cuento ideal medieval,
Luego de ese día nuestra nobleza jamás sería igual,
Amar es un paso mínimo luego de pasar el umbral,
Es el primer amor, es una nueva sensación gradual,
El umbral del rocío que deja una huella excepcional
Que fue desde la conquista hasta la emoción actual,
Es nuestro disímil único, una fábula poco habitual...

Pues todo sueño por más largo, se tiene un despertar,
Ella se fue a preparar su futuro para poder mejorar,
El verano siempre acaba y el frío llega a pernoctar,
Yo la esperé todo el tiempo, para volver a soñar...
Siempre pensé que tenía el corazón hipocondríaco,
A veces el dolor y miedo tienen un efecto demoníaco,
Por pensar mal y creer que sin ti cada día era opaco,
Volverás pronto, me comunico contigo y eso destaco,

Pues el umbral del rocío juntos pasamos abrazados,
Y aún lejos en los recuerdos nos alzará enamorados.

Christian Castro Silva

Mentiras efectivas

(jueves 4 de junio de 2020)

Me requieres que te crea, que insulto a tu dignidad,
Pues creer en ti sólo crea un abismo de inseguridad,
Pero en cada expresión tuya me creas otra realidad,
No logro existir en paz y no me dejas tranquilidad...

Cada cuento de tu existencia es un universo paralelo,
Si aclaro o indago mi alma vuelve a entrar en duelo,
Porque creerte otra vez es como morder un anzuelo,
Y no querer perderte es vivir en un tenebroso cielo...

Lo peor, es que tengo que creerte pues igual te quiero,
¿Qué buscas con tenerme al filo de un tenor ligero?,
El amor me hace ciego y no quiero tener un rasero,
Sólo quiero que cambies que tu espíritu sea sincero,

Quizá hoy no tenga ganas de cargar con otro cuento,
Ya no se ni a que tiento, sólo que a mismo me miento,
Prefiero no saber nada y no digerir lo que no siento,
Me acarreo el teatro que adornas y yo lo lamento,

¿Qué se hace? cuando tienes algo que no deseas dejar,
Sigues fanatizando ciego y no cesas jamás de pensar,
¿cómo será tu vida?, con el ser que no dejas de amar,
Quizá si no timara tanto, el amor no debería dañar,
El amor debe ser fuerte ¿pero todo puede aguantar?,
Pero decidir sobre las mentiras que te van a apenar,
Es concluir si con mentiras efectivas deseas avanzar,
Proveer el fin para esas ansias es que debes empezar,
El amor no puede surgir si en ella no puedes confiar.

Christian Castro Silva

Momentos míos

(viernes 17 de enero del 2020)

Robaste lapsos de mi vida que aprovechaste perdida,
Te los llevaste con el sortilegio de tu triste partida,
Me acuerdo tus gestos y tu sonrisa resplandecida,
Pedías que me quedara en tu vida incomprendida...

Momentos míos, lo expresas porque aún me tientas,
Tardes de nosotros recordarás cuando sola te sientas,
Sólo en tus sueños tendrás conmigo sesiones secretas,
Aunque a su lado duermas y con lágrimas te agrietas...

Si sientes que tu pecho se oprime por mi ausencia,
Pues quien respira a tu lado no lo desea tu presencia,
No asesines tus sentidos seccionando tu vehemencia,
Pues si lo besas sellas los ojos por no sentir su esencia,

De noche explorarás tus memorias buscando gracia,
Revives nuestros suspiros en sublime concordancia,
Evitando que él te toque y te aísles por constancia,
Descollando tu fatal presente que arrastras con repugnancia...

Momentos míos trazas en tus redes sociales y sueñas,
Tardes de nosotros, ahora lamentas y no desdeñas,
Sufres por perder al ser pulcro amante de tus señas,
Quien hiciera florecer el calor intenso de tus caderas risueñas...

Mulata de curvas bellas y de cuello fino de cigüeña,
De esos momentos eternos eres únicamente la dueña.

Christian Castro Silva

Esclavo de mi ser

(martes 9 de junio de 2020)

Mi ser me sujeta a estar ungido en el infecto dolor,
No obstante, mis razones de vivir son de esplendor,
Logré reconsiderar si ¿es preciso vivir en el temor?,
El daño me dominó ciego a distinguir un agrio sabor,
Viví días de desazón y de remembranzas con rencor,
No existen días soleados donde todo era conmovedor,
Solo desafío mi cata de ímpetu ante el vago desamor,
Incitando el poco vigor para no sucumbir al temblor,
Pensé en alguna vez que mi futuro sería prometedor,
No duró, pues quien me nutria no gozaba de candor,
Ni tampoco del arrastre para ser un cariño asesor,
Sólo era una sanguijuela que me arruinaba el pudor,
Ni el respeto, ni caricias eran de apego conciliador,
Pues sólo vana codicia sacudía a ese ser perturbador,
Es doloroso develar que no gozas de amor renovador,
Sino que viviste adiestrado en una jaula cual roedor,
Y que nada de lo que viviste era del verdadero color,
Duele despertar al entorno y no ver nada halagador,
Vives cada segundo con un funesto enlace o coautor,
Que no auxilió a tu apogeo sino detuvo tu esplendor,
Entonces abandonamos el infiernillo río arrebatador,
Decidimos reformar la vida como adjetivo superior,
Cazando sueños perdidos, creando un ser cautivador,
Te buscas en los dones brindados ser un acaparador,
Para mostrarte grandioso y mirar a un ego ganador,
No fue grata la depresión y fue efecto rehabilitador,
Mudar de piel es decisión del mismo gran desafiador,
Si viví con dudas es turno de dejar de ser espectador,
Tomé mi nueva tez y fui mi propio gran proyector,
No es tarde si de la roca de tu ser debes ser escultor.

Christian Castro Silva

Nadie más decide, sólo el que se concibe, sabe a quién percibe y lo que recibe...

Printed by Books on Demand GmbH, Norderstedt / Germany